Bärlauch & Rucola

Rezepte und Fotos:
Karl Newedel

Bassermann Inspiration

»Iss **Porree** im März,
wilden Knoblauch **(Bärlauch)** im Mai,
dann haben die Ärzte **das ganze Jahr frei!**«

Zartes Grün – **kräftiges Aroma**

Bärlauch, dieser kleine Verwandte von Zwiebel, Schnittlauch und Knoblauch, hat es weit gebracht. Wurde der »wilde Knoblauch«, so sein Zweitname, vor einigen Jahren noch kaum beachtet, ist er inzwischen zumindest als Bärlauchpesto in jedem Supermarkt zu bekommen. Und ab März bekommt man ihn frisch auf Wochenmärkten und beim Gemüsehändler.

Diese Pflanze liebt den Halbschatten und gedeiht gut auf feuchten Böden. Man findet oft große Bärlauchbestände, die sich schon mit ihrem typischen, knoblauchartigen Geruch bemerkbar machen. Bärlauch kann verwechselt werden mit den giftigen Maiglöckchenblättern, eventuell auch mit den giftigen Blättern der Herbstzeitlosen. Achten Sie auf den typischen Geruch.

Der Bärlauch kommt im Norden seltener vor. Dort steht er sogar auf der Liste der vom Aussterben bedrohten Pflanzen. Für ganz Deutschland gilt, dass das Sammeln innerhalb von Naturschutzgebieten und Naturdenkmälern nicht gestattet ist. Doch auch außerhalb dieser Schutzgebiete darf Bärlauch nur für den Eigenbedarf gesammelt werden. Um die Bestände zu schonen, sollte man pro Pflanze nur ein Blatt ernten und natürlich sollten keine Zwiebeln ausgegraben werden.

Im Gegensatz zu vielen anderen Pflanzen sollte Bärlauch nicht getrocknet werden. Nur frisch kommen seine Wirk- und Aromastoffe voll zum Tragen.

Der Name »Senfkraut« sagt es: Rucola, auch Rauke oder Nusssalat genannt, enthält würzig-scharfe Senföle, hat dazu einen nussigen Geschmack und diese Kombination macht dieses bereits im Mittelalter angepflanzte Blattgemüse so beliebt. Gesunde, frische Blätter sind schmal und dunkelgrün. Da sie leicht welken, sollte man beim Einkauf auf diese Merkmale achten.

Rucola wird bereits seit dem Mittelalter im Mittelmeergebiet angebaut. Er gedeiht aber auch im kühleren Klima. Man kann ihn leicht selbst aussähen und anbauen. Die schnellwachsenden Pflanzen gedeihen auf den Beeten im Freiland, schneller noch im Gewächshaus. Aber man kann sie auch gut als Balkongemüse in Kästen und Kübeln ziehen. Die Blätter werden vor der Blüte geerntet. Dabei sollte man die Rosette bei einer Blattlänge von 10 cm nicht zu dicht über dem Boden abschneiden, damit immer wieder neue Blätter nachwachsen können.

Rucola sollte nach der Ernte möglichst rasch verbraucht werden. Im Kühlschrank ist er in feuchtem Küchenpapier eingewickelt zwei bis drei Tage ohne wesentliche Qualitätsverluste lagerbar.

Der **schmeckte** schon den **alten Römern**

Bär

lauch

oft selbstgepflückt

Kräutleinwunder

Scharfmacher mit Stil

Knoblauchs kleiner Bruder

heimisch

- 150 g Frischkäse
- 150 g Crème fraîche
- Salz und Pfeffer
- 1 EL Mehl
- 1 Rolle Blätterteig (275 g, aus dem Frischeregal)
- 150 g gekochter Schinken in Scheiben
- 1 Bund Bärlauch
- 2 EL Sahne
- 1 Eigelb

Bärlauchroulade mit Schinken

20 Minuten * Backzeit: 35 Minuten * 4 Portionen

1 Den Backofen auf 180 °C (Umluft 160 °C) vorheizen. Frischkäse und Crème fraîche glatt rühren, mit Salz und Pfeffer würzen. Den Bärlauch waschen und trocken schütteln. Ein Backblech mit Backpapier belegen.

2 Den Blätterteig auf einem mit Mehl bestäubten Tuch ausrollen, mit den Schinkenscheiben belegen und mit der Käsecreme bestreichen. Dabei an den Rändern jeweils 2 cm frei lassen. Die Bärlauchblätter gleichmäßig auf der Käsecreme verteilen und leicht andrücken. Anschließend den Teig mithilfe des Tuches zu einer Roulade aufrollen, die seitlichen Ränder einschlagen und festdrücken.

3 Die Roulade vorsichtig auf das Backblech legen. Das Eigelb mit der Sahne verschlagen und die Oberfläche der Roulade damit bepinseln. Im Backofen ca. 35 Minuten backen, bis die Oberfläche eine goldbraune Färbung hat.

Tipp

Sie können die Roulade vor dem Backen zusätzlich mit Sesamkörnern bestreuen. Ein frischer Blattspinat ist ein idealer Begleiter zu diesem leichten Gericht, das sowohl warm als auch kalt sehr gut schmeckt.

- 1 Zwiebel
- 300 g gekochte Rote Bete
- je 100 g Bärlauch, Rucola und Gänseblümchen
- 250 g Bacon
- 150 g Bergkäse
- 300 g schmale Bandnudeln
- 3 EL Olivenöl
- Salz und Pfeffer
- Muskatnuss

Senner-Pfandl mit Bärlauch, Rucola und Gänseblümchen

30 Minuten * 3–4 Portionen

1 Die Zwiebel schälen und in feine Würfel schneiden. Rote Bete in 1 cm große Würfel schneiden. Bärlauch, Rucola und Gänseblümchen waschen, trocken schütteln und grob zerkleinern. Bacon quer in 2 cm breite Streifen schneiden. Den Bergkäse grob raspeln.

2 Die Nudeln in reichlich gesalzenem Wasser bissfest kochen. Währenddessen das Öl in einer breiten Pfanne erhitzen, den Bacon bei mäßiger Hitze knusprig braten, herausheben und beiseitestellen. Im verbliebenen Fett die Zwiebelwürfel glasig braten.

3 Die Nudeln in ein Sieb abschütten. Rote-Bete-Würfel zu den Zwiebeln geben und erwärmen. Bärlauch, Rucola und Gänseblümchen mit den Nudeln und den Baconstreifen in die Pfanne geben, mit Salz, reichlich Pfeffer und Muskatnuss abschmecken, mit Bergkäse bestreut servieren.

Tipp

Probieren Sie dieses Gericht doch auch mal mit Brennnesseln, Giersch, Schafgarbe, Spitzwegerich oder Sauerampfer.

»Mit dem Senner-Pfandl
holen Sie sich **ein Stück Bergwelt**
nach Hause.«

* 4 Zwiebeln
* 4 EL Olivenöl
* 4 Lammhaxen (ca. 1,5 kg)
* ¼ l Weißwein
* 400 ml Lammfond (aus dem Glas)
* 2 TL Zucker
* Salz
* Pfeffer (grob geschrotet)
* 3 Zitronen

Lammhaxen in Zitronen-Bärlauchsauce

25 Minuten * Garzeit: 2 ½ Stunden * 4 Portionen

1 Die Zwiebeln schälen, halbieren und in dünne Scheiben schneiden. Backofen auf 170 °C vorheizen. In einem Schmortopf das Öl erhitzen, die Lammhaxen salzen und bei mäßiger Hitze von allen Seiten anbraten. Die Zwiebeln zugeben, glasig dünsten, mit dem Weißwein ablöschen und um die Hälfte einreduzieren lassen. Mit dem Lammfond auffüllen, zugedeckt in den Ofen stellen und 2 ½ Stunden schmoren lassen.

2 Von einer Zitrone die Endstücke entfernen, den Rest in 5 Scheiben schneiden. Von den übrigen Zitronen den Saft auspressen. 15 Minuten vor Ende der Garzeit den Zucker, die Zitronenscheiben und den Zitronensaft unter die Sauce rühren, die Haxen mit dem Zitronenpfeffer bestreuen und zugedeckt weitergaren lassen.

3 Den Bärlauch waschen, trocken schütteln, in dünne Streifen schneiden und 5 Minuten vor Ende der Garzeit unter die Sauce rühren. Zum Schluss die Sauce mit Salz abschmecken und heiß servieren.

Tipp

Hierzu schmeckt ein griechisches Pitabrot, das man kurz anbrät, mit Olivenöl beträufelt und mit getrocknetem Oregano bestreut.

»Ein mediterraner
Leckerbissen.«

Für die Knödel

- 500 g Toastbrot
- 150 g weiche Butter
- 2 Eier und 2 Eigelbe (Zimmertemperatur)
- ca. 50 g Bärlauch
- 1 Bund Petersilie
- Salz und Pfeffer
- Muskatnuss

Für Sauce und Spargel

- 1 Zwiebel
- 3 EL Olivenöl
- 1 TL Zucker
- 2 TL Weißweinessig
- 1 Dose stückige Tomaten (400 g)
- 500 g grüner Spargel

Außerdem

- Klarsichtfolie
- Alufolie

Serviettenknödel mit Spargel und Tomatensauce

1 Stunde * 4 Portionen

1 Für die Serviettenknödel das Toastbrot in 2 cm große Würfel schneiden. Die Butter mit einem Rührgerät schaumig schlagen, Eier und Eigelbe verquirlen und unter Rühren in die Butter einfließen lassen, sodass eine homogene Masse entsteht. Den Bärlauch waschen, trocken schütteln und in feine Streifen schneiden. Die Petersilienblätter von den Stielen zupfen, grob hacken und mit dem Bärlauch unter die Buttermasse rühren, mit Salz, Pfeffer und geriebener Muskatnuss würzen. Die Buttermasse behutsam mit dem Toastbrot vermengen.

2 In einem breiten Topf reichlich Wasser zum Kochen bringen. Aus der Brotmasse drei etwa 6 cm dicke Rollen formen, diese zuerst in Klarsichtfolie, dann in Alufolie wickeln und die Enden zusammendrücken. In das Wasser legen, 20 Minuten bei geschlossenem Deckel leicht köcheln lassen, anschließend weitere 20 Minuten bei geringer Hitzezufuhr ziehen lassen.

3 Für die Tomatensauce Zwiebel fein würfeln, in Olivenöl glasig braten, Zucker unterrühren und mit dem Essig ablöschen. Die Tomaten zugeben und 10 Minuten leise köcheln lassen. Die Sauce mit Salz und Pfeffer abschmecken.

4 Von dem Spargel wenn nötig die holzigen Enden abschneiden und in leicht gesalzenem Wasser bissfest kochen. Dabei nur so viel Wasser verwenden, dass der Spargel gerade bedeckt ist.

5 Die Serviettenknödel auswickeln, in Scheiben schneiden und mit dem Spargel und der Tomatensauce servieren.

* 600 g junger Blattspinat
* 2 Schalotten
* 40 g Bärlauch
* 1 Döschen Safran (0,1 g)
* 150 ml trockener Weißwein
* 4 cl Noilly Prat (trockener französischer Wermut)
* 400 ml Fischfond (aus dem Glas)
* 150 g Crème fraîche
* 1 Zitrone
* 600 g rohe Riesengarnelenschwänze (küchenfertig, geschält, ohne Darm)
* 2 EL Öl
* 70 g Butter
* Salz
* schwarzer Pfeffer
* Cayennepfeffer
* Muskatnuss

Garnelenschwänze auf Blattspinat mit Safransauce

30 Minuten * 4 Portionen

1 Spinat wenn nötig von harten Blattstielen befreien, waschen, in reichlich kochendem Wasser 1 Minute blanchieren, durch ein Sieb abgießen und sofort kalt abschrecken. Zwischen den Handballen portionsweise gut ausdrücken und beiseite stellen.

2 Schalotten schälen und in feine Würfel schneiden. Den Bärlauch waschen, trocken schütteln und in feine Streifen schneiden. Safran in 2 EL Wasser einweichen.

3 2 EL Öl in einem Topf erhitzen, Garnelenschwänze darin bei mäßiger Hitze je 2 Minuten auf beiden Seiten braten, herausheben und warm stellen. Schalottenwürfel im verbliebenen Fett glasig braten, mit Weißwein und Noilly Prat ablöschen, bis auf ein Minimum reduzieren lassen, Fischfond zugeben, auf die halbe Menge einkochen lassen, dann Crème fraîche und Safran unterrühren, Sauce mit Salz, Cayennepfeffer und einem Spritzer Zitronensaft abschmecken und nicht mehr kochen lassen. 30 g Butter in die Sahne geben und den Bärlauch unterrühren.

4 Den Spinat mit Salz, Pfeffer und geriebener Muskatnuss würzen. Das restliche Butter in einer Pfanne erhitzen, Spinat darin 1 Minute lang erhitzen.

5 Den Spinat auf die Teller geben, Garnelenschwänze und Safransauce darauf anrichten, mit Baguette oder Salzkartoffeln servieren.

»Mit diesem **exklusiven Gericht verwöhnen** Sie Ihre Gäste.«

- 1 Aubergine (ca. 300 g)
- 2 altbackene Brötchen
- 50 ml Milch
- 50 ml Sahne
- 2 Thymianzweige
- 1 Rosmarinzweig
- 1 Zwiebel
- 50 g Bärlauch
- 600 g Lammhackfleisch
- Salz und Pfeffer
- 6 EL Olivenöl
- 3–4 EL Aceto balsamico
- 400 g Zucchini

Lamm-Bärlauch-Klopse mit Grillgemüse

40 Minuten * Garzeit: 30 Minuten * 4 Portionen

1 Die Aubergine in ½ cm breite Scheiben schneiden, Stielansätze entfernen. Die Scheiben salzen, lagenweise auf einem Teller stapeln, einen Teller darauflegen und mit einem Gewicht beschweren. Brötchen in grobe Würfel schneiden, in einer Schüssel mit Milch und Sahne begießen und einweichen lassen. Thymianblättchen und Rosmarinnadeln von den Zweigen zupfen.

2 Die Zwiebel schälen und in feine Würfel schneiden. Den Bärlauch waschen und trocken schütteln. Die Hälfte des Bärlauchs zusammen mit den Rosmarinnadeln und Thymianblättchen fein hacken. Das Lammhackfleisch mit den eingeweichten Brötchen, Zwiebelwürfeln und gehackten Kräutern verkneten, mit Salz und Pfeffer pikant würzen und zu 12 etwa 3 cm hohen Klopsen formen.

3 Den Backofen auf 160 °C vorheizen. In einer Pfanne 3 EL Öl erhitzen, die Klopse darin auf beiden Seiten jeweils 3 Minuten anbraten, im Backofen in 20 Minuten fertig garen.

4 Zucchini in ½ cm dicke Scheiben schneiden. Auberginen abspülen und gut trocken tupfen. Eine große Pfanne (oder Grillpfanne) erhitzen, Zucchini- und Auberginenscheiben dünn mit dem restlichen Öl bepinseln und bei großer Hitze von beiden Seiten jeweils 3 Minuten braten. Das Gemüse auf Tellern anrichten, mit Salz und Pfeffer würzen und mit Aceto Balsamico beträufeln. Die Klopse darauf platzieren, den restlichen Bärlauch in Streifen schneiden und darüberstreuen.

»Ein mit wenig **Zitronensaft** verrührter **Joghurt**, knuspriges **Baguette** und ein leichter **Rotwein** bilden die **perfekte Kombination** zu diesem Gericht.«

»Mit Oregano besteuen und **knuspriges Weißbrot** dazu servieren.«

Dörrtomaten und Schafskäse in Olivenöl

30 Minuten * 6 Portionen

1 Dörrtomaten in eine hitzebeständige Schüssel legen. 1 Liter Wasser mit dem Essig aufkochen und über die Tomaten gießen, diese 5 Minuten in der Flüssigkeit ziehen lassen, danach in ein Sieb abgießen, gut abtropfen lassen und auf einem Küchentuch ausbreiten. Mit einem Küchenpapier die restliche Flüssigkeit abtupfen.

2 Den Schafskäse würfeln. Bärlauch waschen, trocken schütteln und mit Dörrtomaten, Käse und Chilischoten in Gläser schichten und mit Olivenöl begießen. Gläser an einem kühlen Ort (nicht im Kühlschrank) mindestens einen Tag durchziehen lassen.

Tipp

Als Bärlauchkapern bezeichnet man die noch nicht geöffneten Blütenknospen. Wenn Sie genügend Bärlauchpflanzen im Garten haben sollten, können Sie diese anstelle von den Blättern für dieses Gericht verwenden.

- 200 g Dörrtomaten
- 100 ml Weißweinessig
- 400 g Schafskäse (Feta)
- 40 g Bärlauch oder Bärlauchkapern (siehe Tipp)
- 4 kleine rote Chilischoten
- 400 ml kalt gepresstes Olivenöl
- ½ TL getrockneter Oregano
- Weißbrot

* 600 g Kartoffeln
* grobes Meersalz
* 2 EL Öl
* 4 Eier
* 200 g Mayonnaise
* 100 g Joghurt
* 2 Schalotten (ersatzweise 1 kleine Zwiebel)
* 50 g Cornichons
* 30 g Bärlauch
* 1 TL mittelscharfer Senf
* 1 EL Kapern
* 3 EL Zitronensaft
* Salz
* Cayennepfeffer
* 600 g Kabeljaufilet
* 200 g Mehl
* 200 ml helles Bier
* 500 g Butterschmalz (ersatzweise Sonnenblumenöl)

Fish and Chips mit Bärlauch-Mayonnaise

50 Minuten * 4 Portionen

1 Den Backofen auf 200 °C vorheizen. Die Kartoffeln schälen, längs vierteln, mit 2 EL Öl und grobem Meersalz mischen. Ein Backblech mit Backpapier auslegen, die Kartoffelecken darauf verteilen und auf der mittleren Schiene in 30 Minuten goldbraun backen.

2 Für die Remoulade zwei Eier in 10 bis 12 Minuten hart kochen, kalt abschrecken, schälen und hacken. Schalotten und Cornichons fein würfeln, Bärlauch waschen, trocken schütteln und fein hacken. Mayonnaise mit dem Joghurt, Senf und 1 EL Zitronensaft verrühren, Kapern, gehackte Eier, Cornichons und Bärlauch untermengen, mit Salz und Cayennepfeffer abschmecken.

3 Für den Backfisch die restlichen Eier trennen. Eigelbe, 150 g Mehl, Bier und etwas Salz in einer großen Schüssel zu einem glatten Teig verrühren. Eiweiße steif schlagen und unter den Teig heben.

4 Butterschmalz in einem Topf oder einer Fritteuse auf 180 °C erhitzen. Das Fischfilet quer in 2 bis 3 cm breite Streifen schneiden, mit Salz und 2 EL Zitronensaft würzen, im restlichen Mehl wenden, überschüssiges Mehl abklopfen. Die Fischstücke durch den Bierteig ziehen und etwas abtropfen lassen. Portionsweise im heißen Fett auf beiden Seiten ca. 3 Minuten goldbraun backen. Fisch herausnehmen, auf Küchenpapier abtropfen lassen und mit den Kartoffeln und der Bärlauch-Mayonnaise servieren.

- 3 EL Öl
- 2 Schweinefilets von je ca. 350 g
- Salz und Pfeffer
- 3 Schalotten
- 400 g Champignons
- 200 g gekochter Schinken in Scheiben
- 1 Bund Petersilie
- 40 g Butter
- 2 EL Semmelbrösel
- 4 Eigelbe
- 2 EL Sahne
- 50 g Bärlauch
- 300 g Blätterteig (Frischeregal)

Schweinefilet im Blätterteigmantel

35 Minuten * Garzeit: 25 Minuten * 4 Portionen

1 In einer Pfanne das Öl erhitzen, Schweinefilets mit Salz und Pfeffer würzen und bei großer Hitze auf allen Seiten anbraten, sodass sich sämtliche Poren schließen. Die Filets herausheben und beiseite stellen.

2 Für die Füllung Schalotten schälen und fein würfeln, Champignons putzen und fein hacken. Schinken fein würfeln, Petersilie grob hacken. In einer Pfanne die Butter erhitzen und die Schalottenwürfel darin glasig dünsten. Die Champignons zugeben, mit Salz und Pfeffer würzen und so lange braten, bis die austretende Flüssigkeit der Champignons verdampft ist. Die Pfanne vom Herd nehmen, Schinkenwürfel, Petersilie, Semmelbrösel und zuletzt 2 Eigelbe untermischen. Die restlichen Eigelbe mit 2 EL Sahne verschlagen.

3 Den Backofen auf 200 °C vorheizen. Den Bärlauch mit heißem Wasser waschen und trocken schütteln. Den Blätterteig auf einer leicht bemehlten Arbeitsfläche zu einem Rechteck von 30 mal 38 cm ausrollen. Ein Drittel der Füllung in der Mitte platzieren, ein Drittel der Bärlauchlätter darauf verteilen. Die Filets so auf der Füllung anordnen, dass die dünnen Enden zur Mitte hin nebeneinander liegen. Zunächst die restlichen Bärlauchblätter, dann den Rest der Füllung an den Seiten der Filets und auf den Filets verteilen. Die Ränder des Blätterteigs 2 cm breit mit der Eigelb-Sahne bestreichen. Die Längsseiten der Teigplatte über das Fleisch schlagen, sodass es gänzlich bedeckt ist. Die schmalen Seiten nach innen einschlagen. Das Paket vorsichtig umdrehen und auf ein Backblech heben. Die Oberfläche mit der restlichen Eigelbmischung bepinseln.

4 Das Backblech in den Ofen schieben, nach 10 Minuten die Temperatur auf 150 °C reduzieren und weitere 12 bis 15 Minuten backen.

»Ein bodenständig-**verführerisches** Rezept **für Gäste**.«

- 300 g Zwiebeln
- 100 g Bärlauch
- 300 g Appenzeller am Stück (alternativ Bergkäse oder Romadur)
- 6 Eier
- 300 g Mehl
- 1 EL Öl
- 1 TL Salz
- Muskatnuss
- 100 g Butter

Außerdem

- Spätzlepresse oder -hobel

Bärlauch-Käsespätzle

40 Minuten * 4 Portionen

1. Zwiebeln schälen und in dünne Ringe schneiden. Bärlauch waschen, trocken schütteln, grob hacken, dann mit einem Stabmixer fein pürieren. Den Käse grob reiben.
2. Für den Teig Eier, Mehl, Öl, pürierten Bärlauch, Salz und etwas geriebene Muskatnuss in einer Schüssel mit dem Knethaken einer Küchenmaschine verrühren, sodass ein zähflüssiger Teig entsteht. Eventuell ein wenig Wasser hinzufügen. Auf höchster Stufe so lange schlagen, bis der Teig Blasen wirft.
3. Die Butter in einer Pfanne zerlassen, die Zwiebeln darin bei mäßiger Hitze goldbraun braten. In einem Topf reichlich Wasser (mindestens 3 Liter) zum Kochen bringen.
4. Den Teig portionsweise mit einer Spätzle-Presse in das kochende Wasser drücken. Sobald die Spätzle an die Oberfläche steigen, sind sie fertig. Die Spätzle mit einem Schaumlöffel herausheben, gut abtropfen lassen und in eine Schüssel oder Auflaufform schichten und mit etwas Käse bestreuen. Mit dem restlichen Teig ebenso verfahren.
5. Die Zwiebelringe mit der Bratbutter über die Spätzle verteilen.

»**Spätzle** so lecker
wie im **Schwabenländle**.«

* 350 g Kartoffeln (halbfest-kochend)
* 40 g Bärlauch
* 400 g Mehl (plus Mehl zum Formen)
* 1 Päckchen Trockenhefe
* 200 g Crème fraîche
* 50 ml Milch
* 4 EL Olivenöl
* 1 gehäufter TL Salz

Kartoffel-Bärlauch-Brot

20 Minuten * Geh- und Backzeit: 90 Minuten * 4 Portionen

1. Kartoffeln weich kochen, abschütten, kalt abschrecken, schälen und mit einer Kartoffelpresse in eine Schüssel drücken. Bärlauch waschen, trocken schütteln und nicht zu fein hacken.
2. Mehl, Trockenhefe, Crème fraîche, Milch, Olivenöl, Salz, Kartoffeln und Bärlauch mit dem Knethaken eines Rührgeräts zu einem Teig verarbeiten. Den Teig zugedeckt an einem warmen Ort 40 Minuten gehen lassen.
3. Den gegangenen Teig auf einer bemehlten Arbeitsfläche zu vier Fladen formen, auf ein mit Backpapier belegtes Ofenblech setzen und zugedeckt weitere 30 Minuten gehen lassen. Den Backofen auf 200 °C vorheizen.
4. Die Bärlauch-Brote auf der mittleren Schiene in 20 Minuten goldbraun backen.

Tipp

Noch würziger wird das Brot, wenn Sie unter den Teig Korianderkörner, Kümmel- oder Anissamen mischen.

- 3 EL Öl
- 1 Zwiebel
- 2 l Fleischbrühe
- 2 Möhren
- 100 g Lauch
- 2 Stangen Staudensellerie
- 1 kleine Zucchini
- 2 EL Tomatenmark
- 1 Lorbeerblatt
- 80 g Risoni (oder Kritharáki, Weizennudeln in Reisform)
- 3 Tomaten
- 40 g Bärlauch
- 80 g TK-Erbsen
- 1 Dose Weiße Bohnen (400 g)
- Salz und Pfeffer

Bunte Gemüse-Bärlauchsuppe

40 Minuten * 4–6 Portionen

1 Die Zwiebel schälen und nicht zu klein würfeln. Möhren schälen und in 1 cm große Würfel schneiden. Lauch längs halbieren, waschen und in 1 cm breite Streifen schneiden. Staudensellerie und Zucchini quer in 1 cm breite Scheiben schneiden.

2 Das Öl in einem Topf erhitzen, die Zwiebelwürfel darin glasig braten, dann mit der Brühe aufgießen und aufkochen lassen. Möhren, Lauch, Sellerie, Zucchini, Tomatenmark und Lorbeerblatt zugeben, die Temperatur reduzieren und die Suppe 20 Minuten sieden lassen.

3 Währenddessen die Risoni in leicht gesalzenem Wasser nach Packungsanweisung nicht zu weich kochen. Die Tomaten von den Stielen befreien und in eine Metallschüssel legen. Die fertig gekochten Nudeln in ein Sieb abgießen, das heiße Wasser dabei auf die Tomaten geben. Die Tomaten 1 Minute im Wasser ziehen lassen, dann kalt abschrecken, schälen, jeweils in acht Spalten schneiden und dabei entkernen. Bärlauch waschen, trocken schütteln und in feine Streifen schneiden.

4 Die TK-Erbsen und die Bohnen samt Flüssigkeit in die Suppe rühren, einmal aufkochen lassen, dann vom Herd ziehen. Die Suppe mit Salz und Pfeffer abschmecken, Bärlauchstreifen, Reisnudeln und Tomatenwürfel unterrühren und servieren.

Tipp

Sämiger wird die Suppe, wenn Sie noch auf jedem Teller ein Butter- oder Kräuterbutterstückchen unterrühren.

* 1 cm frischer Ingwer
* 2 EL Sonnenblumenöl
* 2 TL Currypulver
* 4 EL helle Sojasauce
* 400 ml Gemüsebrühe
* 1 Dose cremige Kokosmilch (400 g)
* 50 g Bärlauch
* ½ kleine rote Chilischote
* 1 EL Tomatenmark
* 1 Limette
* Salz

Kokos-Bärlauchsuppe mit Ingwer

15 Minuten * 4 Portionen

1 Den Ingwer schälen und fein würfeln. Das Öl in einem Topf erhitzen, den Ingwer darin bei schwacher Hitze anbraten. Das Currypulver kurz anrösten, mit der Sojasauce ablöschen, Gemüsebrühe und Kokosmilch zugeben und aufkochen lassen.

2 Den Bärlauch waschen, trocken schütteln und quer in feine Streifen schneiden. Chilischote längs halbieren und quer in hauchdünne Streifen schneiden. Das Tomatenmark und die Hälfte der Chilistreifen in die Suppe rühren.

3 Die Limette waschen, die Schale mit einer feinen Reibe in die Suppe raspeln. Die Suppe mit Salz abschmecken und mit einem Stabmixer schaumig aufschlagen. Die Bärlauchstreifen unterrühren.

Tipp

Achten Sie beim Einkauf darauf, dass Sie »cremige« Kokosmilch kaufen. Es handelt sich dabei um die dickflüssige Milch aus der ersten Pressung des geraspelten Kokosfleischs. Bei der zweiten Pressung wird Wasser hinzugefügt und es entsteht eine dünnere, weniger gehaltvolle Milch.

»Eine Suppe mit **karibischem Flair.**«

Für das Pesto

- 20 g Bärlauch
- 20 g Petersilie
- 20 g Basilikum
- 40 g Parmesan am Stück
- 1 TL Salz
- 40 g Pinienkerne
- 16 EL Olivenöl
- Pfeffer

Für den Fisch

- 4 Doraden (Goldbrassen) à 400 g (küchenfertig)
- 3 EL Mehl
- 40 g Butterschmalz
- 2 Zitronen

Bärlauchpesto auf gebratener Dorade

40 Minuten * 4 Portionen

1 Für das Pesto Bärlauch, Petersilie und Basilikum waschen, trocken schütteln und grob hacken, den Parmesan reiben. Kräuter, Parmesan, Salz und Pinienkerne mit 12 EL Olivenöl verrühren. Alles zusammen mit dem Stabmixer zu einer feinen Paste verarbeiten und mit Pfeffer abschmecken.

2 Ein Blech in die mittlere Schiene des Backofens schieben, den Ofen auf 200 °C vorheizen. Die Doraden waschen und gut trocken tupfen, innen und außen mit Salz und Pfeffer würzen. Die Fische in Mehl wenden und gut abschütteln, sodass nur eine dünne Mehlschicht darauf haften bleibt.

3 Butterschmalz und das restliche Olivenöl auf das Backblech geben, die Fische darauflegen und braten. Nach 8 Minuten vorsichtig mit einem Heber wenden und in weiteren acht Minuten fertig garen. Fertig sind die Fische, sobald sich die Rückenflossen leicht herausziehen lassen.

4 Die Fische mit Bärlauchpesto und Zitronenspalten servieren.

Tipp

Stellen Sie am besten gleich mehr von dem leckeren Bärlauchpesto her. In kochend heiß ausgespülte Gläser gefüllt hält es auch ungekühlt gut sechs Monate.

* 600 g Lammrückenfilet (Lammlachs)
* 7 EL Olivenöl
* Salz und Pfeffer
* 4 Tomaten
* 1 Zwiebel
* 400 g junge Zucchini
* 30 g Bärlauch
* 4 Scheiben Toastbrot
* 1 Eigelb

Lammlendchen mit Bärlauchkruste

25 Minuten * Garzeit: 45 Minuten * 4 Portionen

1 Den Backofen auf 80 °C (Ober- und Unterhitze) vorheizen. Das Fleisch trocken tupfen, gegebenenfalls von Sehnen befreien und mit Salz und Pfeffer würzen. 2 EL Öl in einer Pfanne erhitzen, die Filets darin von allen Seiten scharf anbraten, sodass sich die Poren schließen. Dieser Vorgang sollte nicht viel länger als 2 Minuten dauern.

2 Die Filets auf einen Ofenrost legen und diesen in die mittlere Schiene des Backofens schieben. Ein Blech als Tropfschutz darunterstellen. Das Fleisch in 40 Minuten rosa garen.

3 In der Zwischenzeit die Stiele der Tomaten entfernen. Die Tomaten in eine Metallschüssel legen, mit kochendem Wasser überbrühen, nach einer Minute herausheben und kalt abschrecken. Die Tomaten schälen, vierteln und dabei die Kerne entfernen. Das Fruchtfleisch grob würfeln. Die Zwiebel schälen, halbieren und in Streifen schneiden. Die Zucchini in 1 cm dicke Scheiben schneiden.

4 Für die Kruste Bärlauch waschen, trocken schütteln und hacken. Die Toastbrotscheiben entrinden und hacken. Eigelb mit Senf, Bärlauch und 3 EL Olivenöl verrühren, mit dem gehackten Toastbrot vermengen und mit Salz und Pfeffer würzen.

5 Restliches Öl (2 EL) in einer breiten Pfanne erhitzen. Die Zwiebel darin glasig braten, Zucchinischeiben dazugeben und weiterbraten, bis die Zucchinischeiben leicht gebräunt sind, dabei öfter umrühren. Dann die Tomaten zugeben, diese nur noch erhitzen, dann die Pfanne vom Herd ziehen. Mit Salz und Pfeffer würzen.

6 Nach der Garzeit das Fleisch aus dem Ofen nehmen, den Ofen auf Grillfunktion stellen. Die Bärlauchkruste auf das Fleisch auftragen und leicht andrücken. Die Filets auf der zweitobersten Schiene des Backofens in etwa 3 Minuten goldbraun überbacken und auf dem Gemüse anrichten.

Ruco

la

Salatgewürz oder Würzsalat?
pur geknabbert
fein abgeschmeckt
untergemischt &
drübergestreut

Für die Crespelle

- 1 Ei
- 100 g Mehl
- 200 ml Milch
- Salz
- 2 EL Sonnenblumenöl

Für die Füllung

- 60 g Rucola
- 175 g Doppelrahm-Frischkäse
- 100 g Sahnemeerrettich
- 400 g Räucherlachs in Scheiben

Außerdem

- Klarsichtfolie

Crespelle mit Räucherlachs und Rucolacreme

30 Minuten * 4 Portionen

1 Das Ei aufschlagen und verquirlen, Mehl in eine Schüssel sieben, das Ei nach und nach mit dem Mehl vermengen, bis keine Klümpchen mehr vorhanden sind. Nach und nach die Milch unterrühren, dann eine Prise Salz und 1 EL Öl einrühren. Den Teig 15 Minuten ruhen lassen.

2 Eine Pfanne erhitzen und wenig Öl hineingeben. Den Crêpe-Teig dünn aufgießen und von beiden Seiten backen, die Crêpe beiseitestellen. Mit dem restlichen Teig ebenso verfahren.

3 Rucola waschen, gut trocken schütteln und grob hacken. Den Frischkäse in eine Schüssel geben und mit einem Schneebesen glatt rühren. Sahnemeerrettich und den gehackten Rucola unterheben. Die Crêpes mit der Rucolacreme dünn bestreichen, dabei einen 2 cm breiten Rand frei lassen. Die Räucherlachsscheiben darauflegen und die Crêpes aufrollen. Die Rollen in Klarsichtfolie wickeln und für mindestens eine Stunde in den Kühlschrank stellen.

4 Die Rollen aus dem Kühlschrank nehmen und die Klarsichtfolie entfernen. Die Rollen mit einem scharfen Messer quer in 2 cm dicke Scheiben schneiden.

Tipp

Sie können den Lachs auch durch Saftschinkenscheiben ersetzen.

- 1 Zwiebel
- 400 g Cocktailtomaten
- 1 Knoblauchzehe
- 100 g Rucola
- 400 g Fettuccine (schmale Bandnudeln)
- 4 EL Olivenöl
- 400 g passierte Tomaten
- 3–4 eingelegte Sardellenfilets
- Salz
- Pfeffer aus der Mühle
- 100 g Parmesan (frisch gerieben)
- 16 schwarze Oliven

Fettuccine mit Tomaten und Rucola

30 Minuten * 4 Portionen

1. Die Zwiebel schälen und in feine Würfel schneiden. Tomaten entstielen. Knoblauch schälen und fein hacken. Rucola waschen, trocken schütteln und in mundgerechte Stücke schneiden. Die Fettuccine in reichlich gesalzenem Wasser nach Packungsanleitung bissfest kochen.
2. In einer breiten Pfanne das Öl erhitzen. Zwiebelwürfel darin glasig braten, den Knoblauch zugeben, die Hitze reduzieren, mit den passierten Tomaten aufgießen. Die Cocktailtomaten zugeben und leise köcheln lassen. Die Sardellenfilets quer in 1 cm lange Stücke schneiden.
3. Die gegarten Nudeln in ein Sieb abgießen, gut abtropfen lassen und mit den Sardellenfilets und den Oliven unter die Tomatensauce mischen. Mit Salz und Pfeffer aus der Mühle pikant abschmecken, den Rucola unterheben und mit reichlich Parmesan bestreut servieren.

Tipp

Wer mag, kann noch 2 bis 3 EL Kapern und getrockneten Oregano zu den Nudeln geben.

»Ein **sommerlicher** Gruß aus **Bella Italia**.«

- 500 g Mozzarella
- 500 g Tomaten
- 150 g Rucola
- 1 Knoblauchzehe
- Salz
- Pfeffer aus der Mühle
- 5 EL Aceto balsamico
- 7 EL Olivenöl
- 200 g Ciabatta
- 1 TL getrockneter Oregano
- 3 Zweige Basilikum

Brotsalat mit Rucola-Caprese

30 Minuten * 4 Portionen

1 Den Mozzarella aus der Lake nehmen und gut abtropfen lassen. Die Tomaten von Stielen und Kerngehäuse befreien. Den Rucola waschen und trocken schütteln, den Knoblauch schälen, fein hacken, mit ½ TL Salz bestreuen und mit dem Messerrücken zu einem feinen Brei zerdrücken. Dann mit Balsamico-Essig und 5 EL Olivenöl verrühren.

2 Ciabatta in 2 cm dicke Scheiben schneiden, im Toaster rösten, dann mit einem Sägemesser in 1 cm große Würfel schneiden. In einer Pfanne das restliche Olivenöl erhitzen, die Brotwürfel bei mäßiger Hitze goldbraun-knusprig braten.

3 Die Tomaten grob würfeln. Den Mozzarella halbieren, in 1 cm dicke Scheiben schneiden und in einer Schüssel mit dem Rucola und dem Knoblauch-Balsamico-Dressing vermengen.

4 Kurz vor dem Servieren die Brotwürfel unterheben und den Salat mit getrocknetem Oregano und Pfeffer aus der Mühle würzen. Basilikumblätter von den Stielen zupfen und über den Salat streuen.

Tipp

Sehr gut schmeckt es auch, wenn Sie mit den Brotwürfeln in der Pfanne einige Salbeiblätter mitbraten.

- 1 küchenfertiges Kaninchen (ca. 1,2 kg)
- 1 Zwiebel
- 1 Knoblauchzehe
- Salz und Pfeffer
- 1 EL Mehl
- 3 EL Olivenöl
- 2 TL Tomatenmark
- ¼ l Weißwein (z. B. Blanc de Blancs)
- 400 ml Geflügelbrühe
- 6 Thymianzweige
- 400 g Cocktailtomaten
- 200 g schwarze Oliven
- 80 g Rucola

Kaninchen in Thymiansauce mit Rucola und Oliven

25 Minuten * Garzeit: 65 Minuten * 4 Portionen

1 Das Kaninchen in 6 bis 7 Teile zerlegen. Die Zwiebel schälen und fein würfeln, Knoblauch schälen und in dünne Scheiben schneiden. Den Backofen auf 170 °C vorheizen. Die Fleischteile mit Salz und Pfeffer würzen und mit dem Mehl bestäuben. In einem breiten Schmortopf das Öl erhitzen, die Fleischstücke salzen und bei mäßiger Hitze von allen Seiten hellbraun anbraten. Das Fleisch herausnehmen.

2 Die Zwiebelwürfel im verbliebenen Fett langsam anbräunen, Tomatenmark und Knoblauch zugeben und 1 Minute anrösten. Mit der Hälfte des Weines aufgießen und einkochen lassen, dann mit der Brühe und dem restlichen Wein aufgießen.

3 Die Kaninchenteile wieder in den Schmortopf legen und diesen offen in den Backofen stellen. Nach 20 Minuten die Thymianzweige auf dem Gericht verteilen, den Topfdeckel aufsetzen und weitere 45 Minuten schmoren lassen.

4 Stängel und Stielansätze der Tomaten entfernen. 5 Minuten vor Ende der Garzeit die Tomaten zusammen mit den Oliven in den Schmortopf geben. Rucola waschen, trocken schütteln und in mundgerechte Stücke schneiden. Die Kaninchenstücke aus dem Ofen nehmen, die Sauce mit Salz und Pfeffer abschmecken, die Rucolablätter unterheben. Das Gericht mit frischem Baguette oder Nudeln servieren.

Tipp

Lassen Sie sich das Kaninchen gleich beim Einkauf vom Fleischer zerteilen.

- 1 Zwiebel
- 100 g gereifter Bergkäse (ersatzweise Graukäse oder Tilsiter)
- 250 g Brötchen oder Weißbrot vom Vortag
- 120 g Butter
- 2 TL Mehl
- 60 g Rucola
- Salz und Pfeffer
- Muskatnuss
- 180 ml Milch
- 3 Eier
- 80 g frisch geriebener Parmesan

Rucola-Käsenocken mit brauner Butter

30 Minuten * Garzeit: 20 Minuten * 4 Portionen

1 Zwiebel schälen und fein würfeln. Käse in kleine Würfel schneiden. Brötchen klein würfeln, in eine Schüssel legen und mit dem Mehl bestäuben. Rucola waschen, trocken schütteln und hacken.

2 In einer Pfanne 20 g Butter erhitzen, die Zwiebelwürfel bei schwacher Hitze darin glasig braten und auf den Brotwürfeln verteilen. Die Milch erhitzen und über die Brotmasse gießen. Die Eier, den gehackten Rucola und die Käsewürfel zugeben. Die Masse mit Salz, Pfeffer und Muskatnuss würzen, mit einem Kochlöffel locker vermengen und mindestens 20 Minuten ruhen lassen.

3 Die restliche Butter in einem kleinen Topf bei mäßiger Hitze zerlassen und leicht köcheln lassen, bis die Molke verdampft ist. Weiter erhitzen. Den Topf sofort vom Herd nehmen, sobald sich am Boden eine braune Kruste bildet und sich die Butter goldbraun verfärbt. Die Butter durch ein mit Küchenpapier ausgelegtes Sieb in ein hitzebeständiges Gefäß passieren.

4 In einem Topf 2 l gesalzenes Wasser zum Kochen bringen. Aus dem Käseteig mithilfe eines Esslöffels 12 Nocken formen, diese im leicht siedenden Kochwasser ca. 12 Minuten ziehen lassen.

5 Die Nocken mit einem Schaumlöffel herausheben und gut abtropfen lassen. Auf Tellern anrichten, mit der braunen Butter umgießen und mit Parmesan bestreuen.

»Dazu passt ein **Blattsalat** mit einem Essig-Öl-Dressing.«

Für den Teig
- 200 g Mehl und etwas Mehl zum Ausrollen
- 10 g Hefe
- Zucker
- Salz

Für den Belag
- 400 g passierte Tomaten
- Salz und Pfeffer
- ½ TL getrockneter Oregano
- 200 g eingelegte Artischockenherzen
- 40 g Parmesan am Stück
- 150 g Mozzarella
- 6 EL Olivenöl
- 50 g Rucola

Pizza mit Artischocken

45 Minuten * Ruhezeit: 1½ Stunden * 2 Portionen

1 Für den Teig das Mehl in eine Schüssel füllen, in die Mitte eine Kuhle eindrücken. Die Hefe mit einer Prise Zucker und 2 EL lauwarmem Wasser verrühren, in die Mulde gießen und mit ein wenig des Mehls verrühren. Die Schüssel mit einem Tuch bedecken und die Masse an einem warmen Ort 20 Minuten zu einem sogenannten Vorteig gehen lassen.

2 ¼ TL Salz und etwa ⅛ Liter lauwarmes Wasser zum Vorteig geben und alles zu einem Teig verrühren, auf einer leicht bemehlten Arbeitsfläche zu einem glatten Teig kneten und kräftig durchwalken. Den Teig zu einem Laib formen, in eine Schüssel legen, mit einem Tuch bedecken und an einem warmen Ort gehen lassen, bis sich das Teigvolumen verdoppelt hat – das dauert bis zu 1 Stunde.

3 Die passierten Tomaten in einen Topf schütten, aufkochen lassen, bei mäßiger Hitze um etwa ⅓ reduzieren lassen, dann mit einer Prise Salz, Pfeffer und dem getrockneten Oregano würzen. Artischockenherzen in einem Sieb abtropfen lassen, Mozzarella in 1 cm dicke Scheiben schneiden. Parmesan fein reiben.

4 Den Backofen auf 225 °C vorheizen, ein Backblech mit 2 EL Olivenöl bestreichen. Den Teig auf einer bemehlten Arbeitsfläche erneut kräftig durchkneten. Mit einem Nudelholz leicht ausrollen, dann aufs Backblech setzen und mit den Händen gleichmäßig flachdrücken. Dabei die Ränder etwas dicker lassen.

5 Den Teig mit den passierten Tomaten bestreichen, den Rand etwa 2 cm breit frei lassen. Die Tomaten mit Parmesan bestreuen, dann die Mozzarella-Scheiben und die Artischockenherzen darauf verteilen. Im Ofen auf der mittleren Schiene 25 Minuten backen.

6 Rucola waschen und trocken schütteln. Die Pizza aus dem Ofen nehmen, mit dem restlichen Olivenöl beträufeln, mit Rucola garnieren und sofort servieren.

»Sie können den **Pizzateig** auch am **Vortag zubereiten**: Lassen Sie den Vorteig wie beschrieben **gehen**, verkneten ihn mit **Wasser** und stellen ihn zugedeckt in den **Kühlschrank**.«

Kaltes Rucola-Süppchen

🕑 30 Minuten * Kühlzeit: 30 Minuten * 4 Portionen

1 Die Kartoffeln schälen und in etwa 1 cm große Würfel schneiden. Die Gemüsebrühe erhitzen, die Kartoffelwürfel darin ca. 10 Minuten weich kochen. In eine Schüssel füllen und im kalten Wasserbad auskühlen lassen.

2 Rucola waschen, trocken schütteln und grob hacken.

3 Rucola und Joghurt in die Kartoffelbrühe rühren, die Suppe mit Salz und Pfeffer würzen und mit dem Stabmixer fein pürieren.

»**Schneller** geht es,
wenn Sie statt der Kartoffeln
3 EL Kartoffelpüreepulver in die
heiße Gemüsebrühe rühren.«

- 150 g Kartoffeln
- 400 ml Gemüsebrühe (instant)
- 80 g Rucola
- 400 g cremiger Joghurt
- Salz und Pfeffer

Für die Aioli

- 60 g Rucola
- 2 Knoblauchzehen
- 200 g Mayonnaise
- 200 g Joghurt
- Salz und Pfeffer

Für den Fisch

- 2 Seewölfe (Loup de mer) à ca. 700 g, küchenfertig
- 2 EL Mehl
- 4 Thymianzweige
- 2 Zitronen
- 2 EL Olivenöl

Gebratener Seewolf mit Rucola-Aioli

30 Minuten * 4 Portionen

1. Ein Backblech auf die mittlere Schiene des Backofens schieben, den Ofen auf 180 °C vorheizen.
2. Rucola waschen und trocken schütteln. Längere Stiele entfernen, dann quer in 1 cm breite Stücke schneiden. Knoblauch schälen, fein würfeln, mit einer kräftigen Prise Salz bestreuen und mit dem flachen Messer fein zerreiben. Mayonnaise mit Joghurt und Knoblauch verrühren, mit Salz und Pfeffer abschmecken, dann den Rucola unterrühren.
3. Die Fische kalt abwaschen, trocken tupfen, außen und innen mit Salz und Pfeffer würzen, dann in Mehl wenden. In die Bauchhöhlungen jeweils 2 Thymianzweige legen.
4. Das Olivenöl auf das Backblech träufeln, die Fische darauflegen und in 12 bis 15 Minuten bei Umluft backen. Zitrone in Spalten schneiden und mit der Rucola-Aioli zu den Fischen servieren.

Tipp

Dass der Fisch gar ist, erkennen Sie, wenn sich die Rückenflosse leicht herausziehen lässt, oder wenn Sie mit einem Zahnstocher oder Schaschlik-Spieß in die dickste Stelle des Fischfilets stechen und dabei kein nennenswerter Widerstand zu spüren ist.

Für die Steaks

- 2 Ribeye-Steaks (Hochrippen-Steaks) à ca. 800 g
- Salz und Pfeffer
- 2 EL Öl
- 2 Rosmarinzweige

Für die Buttersauce

- 200 g Butter
- 50 g Rucola
- 3 Eigelbe
- 60 ml Weißwein
- 1 EL Zitronensaft
- Cayennepfeffer
- Worcestershiresauce

Ribeye-Steak mit Rucola-Buttersauce

60 Minuten * 4 Portionen

1 Den Backofen auf 80 °C vorheizen. Ein Rost auf die mittlere Schiene schieben, ein Backblech als Tropfschutz darunterschieben.

2 In einer Pfanne mit dickem Boden das Öl erhitzen, die Steaks mit Salz und Pfeffer würzen und von beiden Seiten jeweils 2 Minuten scharf anbraten. Das Fleisch aus der Pfanne nehmen und auf das Ofenrost legen, jeweils einen Zweig Rosmarin darauflegen und in 50 Minuten rosa garen.

3 In der Zwischenzeit die Butter in einem Topf bei geringer Hitze zerlassen. Rucola waschen und trocken schütteln. Die Eigelbe mit dem Weißwein in einer Metallschüssel mit rundem Boden (Schlagkessel) verrühren, über einem heißen Wasserbad mit einem Schneebesen etwa 3 Minuten zu einer cremigen, dickschaumigen Masse aufschlagen. Dann die Schüssel vom Wasserbad nehmen.

4 Die flüssige, nicht zu heiße Butter unter ständigem Rühren in einem dünnen Strahl mit einem Schneebesen langsam unter die Eiermasse rühren. Die so entstandene Buttersauce mit Zitronensaft, Salz, Cayennepfeffer und einem Spritzer Worcestershiresauce abschmecken. Die Rucolablätter fein hacken und unter die Sauce ziehen. Die Steaks in vier Portionen teilen und mit der Sauce servieren.

Tipp

Die Rucola-Buttersauce passt auch gut zu Ofenkartoffeln und Fischgerichten.

Für das Tatar
- 50 g Schalotten
- 150 g rohes Lachsfilet
- 150 g Räucherlachs
- 2 EL Olivenöl
- Salz
- Pfeffer aus der Mühle

Für den Salat
- 150 g Möhren
- Zucker
- 150 g Rote Bete (gegart)
- 80 g Rucola

Für den Pfefferrahm
- 1 EL frische grüne Pfefferkörner (ersatzweise gefriergetrocknet oder eingelegt)
- 150 g Crème fraîche
- 100 g Sauerrahm
- 1 Zitrone

Lachstatar mit Salat und Pfefferrahm

35 Minuten * 4 Portionen

1. Die Schalotten schälen und in feine Würfel schneiden, in ein Sieb geben und mit heißem Wasser abspülen. Rohen und geräucherten Lachs erst in dünne Scheiben, dann in sehr feine Würfel schneiden. Lachs und Schalotten vermengen, mit Salz und mit Pfeffer aus der Mühle würzen, dann das Olivenöl untermischen.
2. Möhren schälen und in 1 cm große Würfel schneiden. Einen kleinen Topf erhitzen, die Möhrenwürfel und 3 EL Wasser hineingeben, eine Prise Zucker und eine Prise Salz hinzufügen und 3 Minuten zugedeckt köcheln lassen, dann in ein Sieb abschütten. Rote Bete ebenfalls in 1 cm große Würfel schneiden. Rucola waschen und trocken schütteln.
3. Grünen Pfeffer in einem Mörser grob zerdrücken. Crème fraîche und Sauerrahm glatt rühren, den Pfeffer unterrühren und mit Salz abschmecken
4. Lachstatar in der Mitte der Teller anrichten und mit Sauce umträufeln. Die Möhren- und Rote-Bete-Würfel sowie den Rucola dekorativ verteilen. Die Zitrone in Spalten schneiden und dazu reichen.

Tipp

Natürlich eignet sich für dieses Gericht nur sehr frischer Lachs von hoher Qualität.

»Mit einem Glas **Weißwein** sind die **Tramezzini** ein leckerer **Snack**.«

- 2 Eier
- 1 Dose Thunfisch in der Lake (180 g Einwaage)
- 80 g Rucola
- 50 g Schalotten
- 30 g Kapern
- Salz und Pfeffer
- 100 g Mayonnaise
- 1 EL Zitronensaft
- 8 Scheiben Toastbrot (Größe XXL, auch als »American Toast« im Handel)

Tramezzini mit Thunfisch und Rucola

20 Minuten * 4 Portionen

1 Eier in 10 Minuten hart kochen, abschrecken und im kalten Wasser auskühlen lassen. Thunfisch in ein Sieb schütten und gut abtropfen lassen. Rucola waschen und trocken tupfen. Schalotten schälen und in feine Würfel schneiden.

2 Eier schälen und in kleine Würfel schneiden. Rucola waschen, trocken schütteln und ebenso wie die Kapern grob hacken.

3 Den Thunfisch grob zerpflücken, mit Mayonnaise, Schalotten, Eiern, Rucola und Kapern vermengen und mit Salz, Pfeffer und Zitronensaft abschmecken.

4 Von dem Toastbrot die dunkle Rinde abschneiden. 4 Scheiben mit der Thunfisch-Rucola-Creme bestreichen, die restlichen Scheiben daraufsetzen und die Tramezzini diagonal halbieren.

Tipp

Die Thunfisch-Creme können Sie auch auf Tomatenscheiben angerichtet und mit Rucolablättern umlegt als Vorspeise servieren.

- 500 g grüner Stangenspargel
- 100 g Rucola
- 1 Dose Weiße Bohnen (400 g)
- 2 EL Feigensenf
- 2 EL Weißweinessig
- ½ TL Zucker
- Salz und Pfeffer
- 4 EL Sonnenblumenöl

Spargel-Rucola-Salat mit Feigensenf-Dressing

30 Minuten * 4 Portionen

1 Von den Spargelstangen wenn nötig die holzigen Enden abschneiden. Den Spargel in leicht gesalzenem, kochendem Wasser 8 bis 10 Minuten nicht zu weich kochen. Die Spargelstangen herausheben und abtropfen lassen.

2 Rucola waschen und trocken schütteln. Die Bohnen in ein Sieb schütten und abtropfen lassen.

3 Den Feigensenf mit Essig, Zucker, einer Prise Salz, Pfeffer und dem Sonnenblumenöl verrühren.

4 Den Spargel in mundgerechte Stücke schneiden, mit den Bohnen und dem Rucola vermengen, auf Tellern anrichten und mit dem Dressing beträufeln.

Tipp

Anstelle von Feigensenf können Sie auch Orangensenf oder einen anderen süßlichen Senf verwenden.

»Dieses **schnelle Gericht** ist in der **Spargelzeit** ein Renner.«

- 2 EL Butter
- 8 EL Semmelbrösel
- 100 g Rucola
- 180 g gemischter würziger Hartkäse (z. B. Greyerzer, Bergkäse, Pecorino oder Parmesan)
- 5 Eier
- 200 g Kräuterfrischkäse
- Pfeffer aus der Mühle
- 1 TL Speisestärke

Außerdem

- 4 feuerfeste Förmchen à 200 ml

Käse-Rucola-Soufflé

30 Minuten * Backzeit: 20 Minuten * 4 Portionen

1. Butter in einem kleinen Topf bei mäßiger Hitze auf dem Herd oder im Mikrowellenherd zerlassen. Die Förmchen sorgfältig damit auspinseln. Jeweils 2 EL Semmelbrösel in die Förmchen streuen und durch Drehen und Wenden der Förmchen gleichmäßig verteilen. Überschüssige Brösel ausschütten.
2. Den Backofen auf 200 °C (Ober- und Unterhitze) vorheizen. Rucola waschen und trocken schütteln, dann fein hacken. Den Käse auf einer mittleren Reibe raspeln.
3. Eier sorgfältig trennen – es darf kein Dotter im Eiweiß sein, da sonst kein fester Schnee entsteht. Die Eigelbe mit dem Kräuterfrischkäse und einer Prise Pfeffer verrühren, die Eiweiße mit einer Prise Salz würzen und mit dem Schneebesen eines Handrührgeräts zu einem steifen, schnittfesten Schnee schlagen.
4. Den Käse mit der Speisestärke bestreuen, locker durchschütteln und zusammen mit dem gehackten Rucola mit einer Spatel unter die Frischkäse-Eigelb-Creme mischen. Ein Drittel der Eischneemasse unter die Käsemasse rühren, um sie aufzulockern. Den übrigen Eischnee sachte unterheben.
5. Die Soufflé-Masse in die Förmchen füllen und auf der untersten Schiene 20 Minuten backen, bis die Masse goldbraun ist.

Tipp

Während des Backvorgangs den Ofen niemals öffnen, sonst fällt das Soufflé zusammen. Das Soufflé sofort nach dem Backen den wartenden Gästen servieren.

- 500 g Kalbsleber
- 400 g Zwiebeln
- 2 EL Olivenöl
- 3 EL Butter
- 50 ml Aceto balsamico
- 150 ml Weißwein
- 200 ml Kalbsfond aus dem Glas (ersatzweise kräftige Fleischbrühe)
- 60 g Rucola
- Salz und Pfeffer

Kalbsleber in Zwiebel-Rucolasauce

35 Minuten * 4 Portionen

1 Die Kalbsleber falls nötig häuten, in fingerdicke Scheiben schneiden, dickere Adern entfernen, anschließend quer in 1 cm dicke Streifen schneiden. Die Zwiebel schälen und in dünne Ringe oder Streifen schneiden.

2 In einer breiten Pfanne das Olivenöl und 1 EL Butter erhitzen, Zwiebeln darin bei mäßiger Hitze anrösten. Sobald die Zwiebeln anfangen braun zu werden, mit Aceto balsamico und Weißwein ablöschen. Bei starker Hitze fast vollständig reduzieren lassen, dann mit dem Kalbsfond aufgießen und 10 Minuten leise köcheln lassen.

3 Rucola waschen und trocken schütteln. Leber in einer Schüssel mit dem Mehl vermengen, überschüssiges Mehl abklopfen. In einer beschichteten Pfanne die restliche Butter erhitzen, die Leber darin bei mittelstarker Hitze 2 bis 3 Minuten rundherum braten, zum Schluss mit Salz und Pfeffer würzen. Die Zwiebelsauce dazugeben, die Pfanne vom Herd ziehen und den Rucola unterheben, mit Salz und Pfeffer abschmecken.

Tipp

Polenta und Gemüse sind die idealen Beilagen zu diesem Gericht.

- 300 g Pfifferlinge
- 2 Zwiebeln
- 8 Eier
- 60 g Rucola
- 2 EL Olivenöl
- Salz und Pfeffer
- 1 EL Butter

Rühreipfanne mit Pfifferlingen und Rucola

30 Minuten * 4 Portionen

1 Pfifferlinge mit einem Pinsel säubern, größere Pilze klein schneiden. Zwiebeln schälen und fein würfeln. Rucola waschen, trocken schütteln und in 3 cm lange Stücke schneiden. Die Eier aufschlagen und verquirlen.

2 In einer breiten Pfanne das Olivenöl erhitzen, die Pilze darin bei mittlerer Hitze 5 Minuten braten, dann mit Salz und Pfeffer würzen, aus der Pfanne nehmen und beiseitestellen.

3 In der Pfanne die Butter erhitzen, die Zwiebelwürfel darin glasig dünsten. Die Pfifferlinge zugeben, kurz erhitzen, dann die verquirlten Eier darübergeben und unter Rühren mit einem Kochlöffel stocken lassen. Anschließend den Rucola unterrühren, mit Salz und Pfeffer abschmecken.

Tipp

Die Rühreier schmecken auch mit gemischten Pilzen. Als Beilagen passen Pellkartoffeln und Salat.

Rezeptregister

Rezepte mit Bärlauch

Rezepte mit Rucola

Alphabetisches Rezeptregister

ISBN: 978-3-572-08074-8

Umschlaggestaltung: Atelier Versen, Bad Aibling
Layout: Katharina Schweissguth, Visuelle Kommunikation, München
Herstellung: ELke Cramer
Bildredaktion: Sabine Kestler
Projektleitung: Anja Halveland
Rezeptfotografie, Styling und Foodstyling: Karl Newedel, Köln
Freisteller: fotolia: 9 (by-studio; istockphoto: 7u. (Svetlana Kolpakova); Südwest Verlag Archiv: 6/7 o., 41

Satz: Nadine Thiel | kreativsatz, Baldham
Reproduktion: Regg media GmbH, München
Druck und Verarbeitung: Mohn media Mohndruck GmbH, Gütersloh

Printed in Germany

FSC www.fsc.org
MIX
Papier aus verantwortungsvollen Quellen
FSC® C011124

Verlagsgruppe Random House FSC-DEU-0100
Das für diesen Titel verwendete FSC®-zertifizierte Papier *Allegro halbmatt* wurde produziert von Sappi Gratkorn.

817 2635 4453 6271